Michael Braun

Holz und Gedichte

Band 1

Bibliografische Information der Deutschen Nationalbibliothek:
Die Deutsche Nationalbibliothek verzeichnet diese Publikation in
der Deutschen Nationalbibliografie; detaillierte bibliografische
Daten sind im Internet über dnb.dnb.de abrufbar.

© 2020 Michael Braun
1. Auflage 2020
Alle Rechte vorbehalten.

Holzskulpturen: Michael Braun
Text: Michael Braun
Fotografie: Christian Mair, Moni Lohr, Wolfgang Gschwendtner

Herstellung und Verlag: BoD - Books on Demand, Norderstedt
Buchinnenlayout: buchseitendesign by ira wundram,
buchseiten-design.de

Dieses Werk darf – auch teilweise – nur mit Genehmigung der
Urheber wiedergegeben werden.

ISBN: 978-3-7494-8606-9

Michael Braun

mb.baumwurzeln@gmx.de | www.holz.jimdosite.com
Instagram: mb.baumwurzeln

Ehrliche Aufmerksamkeit
in mir selbst

Ich bin ein Teil von uns, tief verwoben in unserer großen Welt.

Ich zeige meine Verletzlichkeit – ohne jemals verletzt zu werden.

Ich zeige meine Schönheit – ohne eitel zu werden.

Ich zeige meine Kraft – ohne Kraft haben zu müssen.

Ich zeige meine Nacktheit – ohne mich zu schämen.

Ich zeige meinen Stolz – ohne überheblich zu sein.

Ich zeige mein wahres Wesen – ohne Maske.

Ich bin der, der ich bin – im Sein – ohne etwas!

Michael Braun

Aufmerksamkeit

Ich stehe hier und zeig mich dir!

Wieviel Aufmerksamkeit wohnt in dir?

Siehst du mein wahres Sein ohne Etwas?

Siehst du den Kern, der ich wirklich bin?

Und wenn du tief ergründest, was kommt nach der Tiefe?

Bist du dir sicher, dass, was du siehst – auch wirklich ist?

Wieviel interpretierst du rein?

Wie frei kann dein Denken sein?

Aufmerksamkeit braucht Zeit!

Michael Braun

Burnout – Attention – Calm

Ausbrennen – Aufmerksamkeit – Gelassenheit

Wie lange möchtest du
den Weg der Erschöpfung gehen?

Wie lange unterdrückst du deine emotionalen
und körperlichen Schmerzen?

Irgendwann brennst du – aus!

Achte auf deine Signale!

Achte auf deine innere Stimme!

Achte auf dich!

Nimm den Weg zur Gelassenheit und **lebe.**

Michael Braun

Wer bist Du?

Ein Licht im Raum erhellt das Dunkle
doch bleibt das Dunkle immer bestehen
lösche die Lampe und du wirst sehen.

Wähle ein Licht so schwarz wie die Nacht
und du wirst erkennen
es liegt nicht in deiner Macht.

Niemand kann wählen ein schwarzes Licht
dies gibt es nicht.

Richte deinen Blick auf das Wesentliche
und erhelle deine Seele.

Michael Braun

Aufmerksame Liebe

Ich bin da
- um dein Herz zu streicheln.

Ich bin da
- um deinen Atem zu tragen.

Ich bin da
- um deine Blicke zu erwidern.

Ich bin da
- um deine Seele in meinen Händen zu tragen.

Ich bin da
- um deine Stimme zu beruhigen.

Ich bin da
- mit der Aufmerksamkeit meiner Liebe zu dir.

Michael Braun

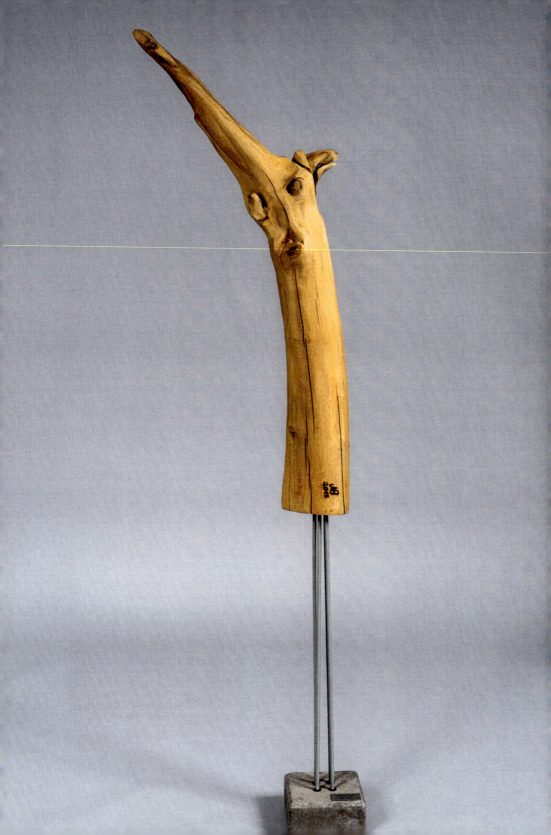

Nahe am Herzen

Tief in mir, nah am Herzen
hör ich das Rauschen der Wellen.

Es ist so, als ob jede Welle zu mir spricht
und mich näher bringt ans Licht.

Jedes Gefühl ist eine Welle pur,
rein und eins mit der Natur.

Ich spür in mir:
das Leben ist ein Wunsch.

Jeder Gedanke spaltet sich auf
und geht ins Endlose hinauf.

Michael Braun

Sommernächte

Wiesen und Felder durchschreiten wir,
die Sonne geht unter, ich bleibe bei dir.

Der Nebel steigt wie der Vogel in der Ferne,
ich halt deine Hände und spür ihre Wärme.

Dein liebes Lächeln, dein freudiger Blick,
macht mich innerlich ganz verrückt.

Die Dämmerung ist vorbei, die Nacht ist da,
ich umarme dich zärtlich und rieche dein Haar.

Tief umschlungen lassen wir uns nicht mehr los,
du bist mein Stern, klar, leuchtend und groß.

Wenn die Nacht vorbei ist und es kommt
das Sonnenlicht,
weiß ich

ICH LIEBE DICH

Michael Braun

Urvertrauen

Es gibt in dir einen tieferen Raum,
dort wohnt dein Urvertrauen.

Tief verwurzelt bin ich hier,
allein und mächtig – nur mit dir.

Spüre die Kraft, die darin ist,
es ist wie ein Zuhause, das man immer vermisst.

Nimm die Sorge der Angst als Last auf
deiner Schulter alle Tage
genieße das Vertrauen
wie ein Baby durch die Mutter getragen.

Urvertrauen kommt nicht irgendwo her,
Urvertrauen lebt in jedem
wie das Wasser im Meer.

Wärme und Kälte spürst du mit deiner Hand,
doch mich spürst du in der Herzenswand.

Ich lieb dich so wie du bist – in dir,
gib nicht auf, komm zu mir.

Michael Braun

Traum des Tänzers

Ich träumte von einem Schritt in die richtige Richtung,
doch sah ich keinen Punkt, keinen Fels, keine Lichtung.

Ich irrte und fand nur ein schwaches Bild vor meinen Augen,
gleich kam mir der Gedanke, das kann nicht für mich taugen.

Die Seele brannte vor Sehnsucht nach meinen Traum,
doch mein Glaube machte jede Hoffnung zu Schaum.

Jahre vergingen, ich hielt den Schmerz nicht mehr aus,
doch ich traute mich nicht aus dem Zustand der Feigheit heraus.

Ein Schritt nur in die richtige Richtung und das Licht beginnt,
mein Verhalten ändern und ich beweg mich wie ein freies Kind.

Keine Facetten, keine Täuschung, kein Schatten, einfach zu sein
wie ich bin,
vorwärts zu laufen, mit meinem Traum in der Seele, und ein
Lächeln im Herzen.

Keine gedanklichen Schritte in Folge, einfach nach dem
Rhythmus geh'n,
im Takt der Lebensmusik.

Den Boden unter meinen Füßen zu spüren
- ganz sinnlich
das ist das Leben
- nein halt -
das bin ja ich.

Michael Braun

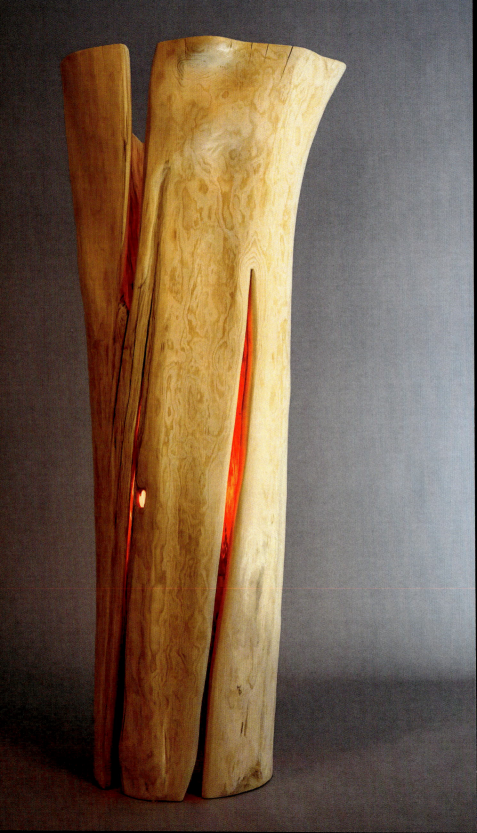

Offenbarung

Es gibt kein Wort über diesen tiefen Schmerz,
doch glaube auch im Tal schlägt noch das Herz.

Gehe in Schmerz ganz tief hinein,
spüre die Kraft und bedenke sie ist Dein.

Jedes Gefühl, tut es auch noch so weh,
gehört zu deinem Leben – es ist dein Weg.

Krankheit verlangt Stärke die nicht jeder hat,
du hast ihn bekommen, du hast die Macht.

Glaube nicht an Andere, glaube an Dich,
spüre im Herzen und sehe das Licht.

Du brauchst keinen der neben Dir steht und leidet,
Mitgefühl und Begleitung ist die Art in der du weidest.

Leben heißt leben, auch in den dunkelsten Stunden,
allein nur mit dieser Einstellung kommst du über die Runden.

In dir brennt ein silbriges, helles, großes Licht,
doch vergesse auch den Schatten nicht.

Der Schatten spendet uns Kühle weg von dem grellen Licht,
und bewahrt uns vor einen Sonnenstich.

Schau hinein in Dir, spüre den Schmerz – du lebst,
ist das nicht Grund genug sich zu bewegen – drum geh.

Geh in dein Leben und fühle Dich,
siehst du den Tunnel und am Ende das Licht.

Du bist so wichtig, egal was kommen mag,
spüre dich innig und genieße auch Freude den ganzen Tag.

Wenn du krank bist, musst du nicht leiden und trauern,
du darfst auch Glück zulassen und wenn du willst auch andere bedauern.

Gebe und nehme zu jeder erdenklichen Stunde,
denk nicht an gestern und heile die Wunde.

Michael Braun

**Die Grundvoraussetzung
jeglicher Heilung
ist, sich
zu spüren**

Michael Braun

Die Angst
(Heiratsantrag)

Ich bin so traurig und fühl einen Schmerz,
er tut so weh bis tief in mein Herz

Ich sehe, rieche und höre ihn nicht,
trotzdem ist er da wie ein dunkles Licht.

Nichts arbeiten kann ich, ich fühl mich so schlapp,
der Tag ist wie ein Albtraum, gar grausam und hart.

Die Vöglein, die draußen am Wegesrand pfeifen,
die hör ich nicht mehr, ich kann's nicht begreifen.

Keinen Tag ohne Dich mein liebliches Wesen,
kann ich mit Dir im Siegesrausch leben.

Die Gedanken sie schwirren – oh, wenn ich mich nur trau,
ich sag's jetzt ganz einfach – ICH WILL DICH ZUR FRAU!

Michael Braun

Der Wunsch vom Kind

Ich träume von Kindern gar lieb und sehr zart,
schön mollig, herzhaft und warm.

Die süßen, zierlichen Hände geschaffen von Gottes Natur,
berühren meine Haut, menschlich ganz pur.

Die strahlenden Augen, sie sehen zu mir empor,
ehrlich und treu wie ein Engelschor.

Der lachende Mund tief aus dem Herzen,
keine Falschheit, die auslöst viel Schmerzen.

Die rundlichen Backen so rot wie die Sonne,
sie geben dem Kind eine kuschlige Wonne.

Die Nase schön spitz und sehr fein,
verleiten zum Drücken – Hauptsache klein.

Der Bauch – oh, ein bisschen wund,
doch trotzdem wohlgeformt und rund.

Michael Braun